AF312230

Succession de M. Nestor ROQUEPLAN

TABLEAUX

OBJETS D'ART, MEUBLES
BIBLIOTHÈQUE

EXPOSITION PUBLIQUE : le Mardi 5 Juillet

HOTEL DROUOT, SALLE N° 3

Commissaires-Priseurs :

Me BAUDRY et Me CHARLES PILLET

Experts :

MM. DHIOS et GEORGE et M. DELAROQUE Aîné

PARIS — 1870

RENOU ET MAULDE

IMPRIMEURS DE LA COMPAGNIE DES COMMISSAIRES-PRISEURS

Rue de Rivoli, 144

CATALOGUE

DE

TABLEAUX ET DESSINS

PAR

CAMILLE ROQUEPLAN

COROT, J. DUPRÉ, H. MONNIER, PILS, ROEHN, TROYON

Quelques Dessins anciens et Gravures en couleur, Objets d'art et de curiosité, curieuse collection de Bassinoires en cuivre des époques Louis XIII et Louis XIV, beau Coffret persan en fer damasquiné or, Meubles anciens Louis XV et Louis XVI, Bronzes, Faïences et Porcelaines, Objets d'étagère, Bibliothèque, Livres sur le théâtre, caricatures, littérature, histoire, bon Mobilier.

DONT LA VENTE AUX ENCHÈRES PUBLIQUES AURA LIEU

Par suite du décès de M. Nestor ROQUEPLAN

HOTEL DROUOT, SALLE N° 8

Les Mercredi 6 et Jeudi 7 Juillet 1870

A UNE HEURE

Par le ministère de M⁰ **BAUDRY**, Commissaire-Priseur à Paris, rue Neuve-des-Petits-Champs, 50,

Et de M⁰ **CH. PILLET**, son confrère, rue de la Grange-Batelière, 10,

Assistés, pour les Tableaux et Objets d'art, de **MM. DHIOS** et **GEORGE**, Experts, rue Le Peletier, 33,

Et, pour les Livres, de **M. DELAROQUE aîné**, Libraire-Expert, quai Voltaire, 21.

EXPOSITION PUBLIQUE

Le Mardi 5 Juillet 1870, de deux heures à cinq heures

PARIS — 1870

ORDRE DES VACATIONS

Le Mercredi 6 Juillet 1870 : les Tableaux, Dessins, Objets
d'art et Meubles anciens.

Le Jeudi 7 Juillet 1870 : les Livres et le Mobilier.

DÉSIGNATION

TABLEAUX ET DESSINS

PAR

CAMILLE ROQUEPLAN

1 — Maisons au bord de l'eau.

2 — Pâturage au bord d'un canal.

3 — Lisière de bois.

4 — La jeune fille au miroir.

5 — Effet du soir.

Forme oval .

6 — Paysage.

Forme ovale.

7 — Têtes de jeune fille.

Deux pendants, de forme ronde.

8 — Tête d'étude.

Esquisse.

9 — Marche de bohémiens.

Esquisse à l'huile.

10 — Marine.

Sépia.

11 — Marine.

Aquarelle.

12 — Le Moulin ; effet de nuit.

Pastel.

13 — Vue de ville ; effet de nuit.

Pastel.

14 — Petit Page en costume Louis XIII.

Sépia.

15 — Église des Templiers, à Lutz.

Fusain.

16 — La Promenade au bois.

Croquis à la mine de plomb.

17 — Procession.

Croquis à la mine de plomb.

TABLEAUX ANCIENS ET MODERNES

BOUCHER (D'après)

18. — Vénus demandant à Vulcain des armes pour Enée.

BOUCHER (D'après)

19 — Peinture ovale.

COROT

20 — Moulin à eau.

CORREGE (D'après)

21 — Le Sommeil d'Antiope.

DUPRÉ (Jules)

22 — Chaumière au bord de l'eau.

EISEN père, 1772 (Signé F.)

23 — Scène orientale.

ROEHN (Adolphe)

24 — Portrait de jeune fille.

VERTANGEN (Daniel)

25 — Diane découvrant la grossesse de Calisto.

ÉCOLE FRANÇAISE

26 — Sujets mythologiques.

Deux pendants.

ÉCOLE FRANÇAISE

27 — Ariane et Zéphire.

Deux peintures à l'huile, de forme ronde.

ÉCOLE MODERNE

28 — Saintes martyres.

ÉCOLE ALLEMANDE

29 — Portrait d'une souveraine.

DESSINS

BOUCHER (Attribué à)

— Deux intérieurs rustiques.

Dessins à la plume, rehaussés de blanc.

CARAVAGE (Polydore de)

— 31 — Diane.

Plume et bistre.

DEBUCOURT

32 — La Promenade au Palais-Royal.

Gravure coloriée.

DEBUCOURT

33 — Le Jardin turc.

Gravure coloriée.

FRAGONARD

34 — Vue de parc.

Aquarelle.

LALLEMAND

35 — Deux grandes Aquarelles représentant des vues de villas italiennes.

LEBELLE

36 — Vue du théâtre des Variétés.

Fixé.

MILON

37 — Étude de paysage.

Sépia. Cadre en bois sculpté.

MONNIER (Henry)

38 — Portrait d'un conventionnel.

Dessin rehaussé d'aquarelles.

MOREAU

39 — Vue d'un aqueduc.

Dessin au crayon noir.

PILS (J.)

40 — Tambours.

Aquarelle.

SWEBACH

41 — Croquis militaire.

Plume rehaussée d'aquarelle.

TROYON

42 — Bœufs au pâturage.

Crayons noir et blanc.

ÉCOLE FRANÇAISE

43 — Scènes familières.

Encre de chine. Deux pendants.

ÉCOLE FRANÇAISE

44 — Quatre Dessins à l'aquarelle et en mosaïque de paille, époque Louis XVI.

ÉCOLE FRANÇAISE

45 — Pastel ovale du temps de Louis XVI.

ÉCOLE ITALIENNE

46 — Vue d'une ville maritime.

Plume et encre de Chine.

47 — Sous ce numéro, quelques Dessins, Gravures et Lithographies encadrés.

OBJETS D'ART ET DE CURIOSITÉ

48 — Coffret à bijoux en fer damasquiné or, d'une riche ornementation ; beau travail persan.

49 — Deux grandes Coupes ovales en agate brune rubanée.

50 — Curieuse collection de quarante Bassinoires anciennes en cuivre jaune et cuivre rouge repoussé, la plupart des époques Louis XIII et Louis XIV ; elles seront vendues séparément.

51 — Couvercles de bassinoires.

52 — Petit Réchaud Louis XIII en cuivre rouge.

53 — Sous ce numéro, plusieurs Plats et Bassins en cuivre repoussé, époque Louis XIII.

54 — Encrier de bureau en cuivre argenté et gravé, époque Louis XV.

55 — Buire, forme casque, avec plateau en cuivre argenté à armoirie gravée.

56 — Pot à tabac en étain, orné de figures de cavaliers, époque Louis XIII.

57 — Un Plat Louis XV en étain.

58 — Deux Aiguières, forme casque, avec leurs plateaux en étain gravé.

59 — Bas-Relief en pierre couleur bronze, sujet allégorique.

60 — Une Tortue; bronze chinois.

61 — Le premier Mystère; petite statuette en bronze.

62 — Jeune femme drapée; figurine en bronze argenté d'après l'antique.

63 — Petit Baril en serpentine; monture en étain.

64 — Autre petit Tonneau surmonté d'une statuette de Bacchus en cuivre.

65 — Deux Burettes doubles en verre de Bohême.

66 — Deux petits Poignards.

67 — Coffret Louis XIII en écaille rouge garnie d'ornements en cuivre repoussé.

68 — Deux Bustes en biscuit de Sèvres : *Bonaparte et Moreau*, sur socles en porcelaine gros bleu.

69 — Deux Vases, forme bouteille, en porcelaine céladon, fond vert d'eau, décorés de figures en camaïeu bleu.

70 — Deux Vases en faïence de Pesaro, décorés de guirlandes de roses.

71 — Deux Cornets en Japon; monture en bronze.

72 — Plat à reptiles, genre Palissy.

73 — Plat rond en faïence de Perse, décoré de branchages et fleurs.

74 — Plats ronds en Japon.

75 — Sous ce numéro, plusieurs Socles et Serre-Papier en porcelaine et marbre, Carreaux en terre émaillée, Objets d'étagère, etc.

MEUBLES ET BRONZES

76 — Bureau plat en bois rose garni de bronzes, époque Louis XV.

77 — Petite Commode Louis XV garnie de bronzes rocaille, dessus en marbre.

78 — Chiffonnier Louis XVI en acajou, garni de cuivre, dessus en marbre avec galerie.

79 — Petit Bureau Louis XVI en acajou, pieds cannelés, dessus en marbre blanc.

80 — Chiffonnier-Toilette en acajou, avec tablette en marbre.

81 — Petit Guéridon Louis XVI en acajou, à pied cannelé, dessus en marbre blanc, avec galerie en cuivre.

82 — Un Paravent à quatre feuilles de style Louis XIV.

83 — Petite Console Louis XVI, forme demi-lune, en bois sculpté et doré, dessus en marbre.

84 — Pendule Louis XV en vernis Martin, garnie de bronzes rocaille.

84 bis. — Pendule religieuse en marqueterie de cuivre sur écaille rouge, garnie d'ornements et de cariatides en bronze.

85 — Pendule en bois sculpté et doré, style Louis XVI.

86 — Deux Flambeaux, girandoles en cuivre argenté, époque Louis XV.

87 — Deux petits Flambeaux argentés, style Louis XVI.

88 — Deux Flambeaux en cuivre, style Louis XVI.

89 — Deux Girandoles à trois lumières en cuivre argenté, style Louis XV.

90 — Petit Lustre flamand à six lumières, style Louis XIII.

91 — Petit Lustre à six lumières en cuivre argenté.

92 — Plusieurs Appliques en cuivre.

93 — Glace Louis XIV à fronton, encadrement en bois sculpté et doré.

94 — Petite Glace d'entre-deux à encadrement rocaille en bois sculpté et doré.

95 — Deux petits Miroirs Louis XV, encadrement en bois sculpté et doré.

96 — Petit Miroir ovale, encadrement en bois sculpté et doré.

97 — Un Miroir avec cadre en bois doré.

98 — Sous ce numéro, les Objets omis.

LIVRES

1. Album de Marcellin. *Paris*, 1868; in-4 cart. (*Envoi d'auteur à M. Nestor Roqueplan.*)
2. Album des théâtres. *Paris*, 1870; in-fol. cart. *Fig.*
3. Alcoran (L') de Mahomet, translaté d'arabe en français par Du Ryer. *Paris*, 1647; in-8, v. fauv.
4. Annales dramatiques, ou Dictionnaire général des théâtres. *Paris*, 1811; 9 vol. in-8 cart., n. rog.
5. A propos (Les) de société. *Paris*, 1776; 3 vol. in-8, v. (*Fig. de Moreau.*)
6. Arts (Les) au Moyen âge et à l'époque de la Renaissance, par Paul Lacroix. *Paris*, 1869; in-4, br., *Illustré de 17 planches chromo-lithographiques et de 400 gravures sur bois.*
7. Atlas universel d'histoire et de géographie, par Bouillet. *Paris*, 1865; gr. in-8, cart. (*Blasons et cartes coloriées.*)
8. Campagne de l'armée du roi en 1747. *La Haye*, 1747; in-12, mar. r.
9. Campagnes des Français sous le consulat et l'empire, album de 60 pl., dessins de *Carle Vernet*, in-fol. cart.
10. Catulle, Tibulle et Gallus. *Amsterdam*, 1771; 2 vol. in-8, d.-mar. r. (*Ex. en papier de Hollande.*)
11. Chronique (La) du très-chrestien et Victorieux Loys unzième du nom. *Paris*, 1558; in-12, mar. vert. (*Imprimée par Galliot Dupré.*)

12. Classiques latins, édition Barbou; 72 vol. in-12, veau plein, d. s. tr.

13. Collection complète des tableaux historiques de la Révolution française. *Paris, Auber*, 1802; 3 vol. in-fol., d.-mar. r. *Fig. et port.*

14. Collection de 170 Almanachs divers in-32, rel. et brochés, Almanachs des spectacles, étrennes intéressantes, almanach parisien, de 1752 à 1810.

15. Collection San Donato, catalogue illustré, tableaux, marbres, objets d'art. 2 vol. in-8, br. *Fig.*

16. Comte (Le) de Clermont, sa cour et ses maîtresses, publié par Jules Cousin. *Paris, Académie des Bibliophiles*, 1867; 2 vol. petit in-8, br. (*Tiré à 400 exemplaires sur papier fort de Hollande*), n° 263.

17. Contes de Boccace, traduction de Sabattier de Castres. *Paris*, 1801; 11 tomes reliés en 6 vol. d.-v. fauv. (*Exemplaire papier vélin, avec deux suites de figures de Gravelot, avant et avec la lettre.*)

18. Contes et nouvelles de Marguerite de Valois, reine de Navarre. *Londres*, 1784; 8 tom. rel. en 4 vol. in-8, fig. (*Le titre du 1ᵉʳ volume manque.*)

19. Contes et nouvelles de Marguerite de Valois, reine de Navarre. *Amsterdam*, 1708, 2 vol. in-12, bas.

20. Cornelii Taciti opera. *Antuerpiæ*, 1685; in-fol. bas.

21. Costumes de théâtre, recueil de 112 gravures coloriées, in-8, d.-mar.

22. Eugène Delacroix, sa vie et ses œuvres. *Paris*, 1865; in-8, br. (*Avec envoi à M. Nestor Roqueplan.*)

23. Descamps et son œuvre, avec des gravures fac-simile des planches originales les plus rares, publiées par Adolphe Moreau. *Paris*, 1869; in-8, br. (*Tiré à 300 exemplaires, envoi a M. Roqueplan.*)

24. Description des objets d'art qui composent la collection Debruge-Dumenil, avec introduction, par Labarte, *Paris*, 1847, in-8, br.

25. Diable boiteux (Le), par Lesage. *Paris*, 1868; in-8, br. (*Tiré à 320 exemplaires.*)

26. Dictionnaire de la langue française, par Littré, 2 vol. in-4, d.-mar. (*Lettres A. H.*).

27. Dictionnaire historique et critique de Pierre Bayle, édit. revue par Beuchot. *Paris*, 1820; 16 vol. in-8, veau.

28. Dictionnaire lyrique portatif, ou choix d'ariettes de tous les genres, recueillies par Dubreuil. *Paris*, 1764; 2 tomes reliés en 1 vol. mar. r., d. s. tr.

29. Emaux de Petitot, du Musée impérial du Louvre. *Paris, Blaisot*, 1862; 2 vol. in-4. Portraits.

30. Esquisses parisiennes, les Contrastes, M. Mayeux, recueil de 70 lithographies coloriées par Travies et Francis, in-4 cart.

31. Fables de Lafontaine, édition illustrée par Grandville. *Paris, Fournier*, 1838; 2 vol. in-8 cart., n. rog. (1re *édit.*)

32. Fables nouvelles, par Dorat. *La Haye et Paris*, 1773; 2 vol. in-8, bas. (*Fig. de Marillier. Ex. beau d'épreuves*).

33. Fabuleuses (Les) bêtes du Bonhomme, par Franceschi. *Paris*, 1869, in-8 br. (*Tiré à 630 exemplaires, ex dono de l'auteur à M. Nestor Roqueplan.*)

34. Femmes blondes, selon les peintres de l'école de Venise, par Ar. Baschet et ***. *Paris, Aubry*, 1865; in-8 br. (*Tiré à petit nombre; envoi de M. Baschet à M. Nestor Roqueplan.*)

35. France (La) au XIXe siècle, illustrée dans ses monuments et ses plus beaux sites, dessinés par Allom. *Londres, Fisher.* 3 vol. in-4, d.-mar., d. s. tr., fig. sur acier.

36. Glossarium eroticum linguæ latinæ, par Pierragbes. *Paris*, 1826; in-8 br.

37. Heures de tristesse, vers et prose, par Louis Morin Pons. *Lyon, Perrin*, 1867; in-8, br. (*Tiré à 351 exemplaires.*)

38. Histoire d'Apelle, par Henri Houssaye. *Paris*, 1867; in-8, br. (*Envoi d'auteur à M. Nestor Roqueplan.*)

39. Histoire de Jules César. *Paris, Plon*, 1866; 2 vol. gr. in-8, d.-mar.

40. Histoire de la Prostitution chez tous les peuples du Monde, par Dufour. *Paris*, 1851; 6 vol. in-8, d.-mar., fig.

41. Histoire de Manon Lescaut, par Prévost. *Lahaye*, 1742; 2 parties en un vol. in-12, veau.

42. Histoire des Girondins, par de Lamartine. *Paris*, 1847; 8 vol. in-8, demi-mar.

43. Histoire du Consulat et de l'Empire, par Thiers. *Paris*, 1851; 21 vol. in-8, demi-mar., fig. et atlas in f°.

44. Histoire macaronique de Merlin Coccaie. *Paris*, 1606; 2 vol. in-18, veau. — Histoire comique de Francion. *Leyde*, 1685; in-12, bas., fig. (*quelques feuillets déchirés.*)

45. Histoire, Musée de la République française), par Challamel. *Paris*, 1842; 2 vol, gr. in-8, demi-chag., fig. (1re *édition*).

46. Histoire Romaine à Rome, par Ampère. *Paris, Lévy*, 1864; 4 vol. in-8, cart.

47. Les jolies Femmes de Paris, par Charles Diguet. *Paris*, 1870; in-8, pap. vergé (*illustré de* 20 *eaux-fortes*, par Martial, *tiré à* 360 *exemplaires*).

48. La Jacobinéide, poème avec figures. — La Chronique scandaleuse. *Paris*, 1783. — Les Archives du scandale. 1819; 3 vol. in-8 rel.

49. Le capitaine Fracasse, par Théophile Gauthier, illustré par Gustave Doré. *Paris*, 1866; gr. in-8 cart.

50. Le Roi chez la Reine ou histoire secrète du mariage de Louis XIII et d'Anne d'Autriche, par A. Baschet. *Paris, Aubry;* in-8, dem.-mar. (1re *édit. tirée à petit nombre.*)

51. Les Contemporaines ou Aventures des plus jolies Femmes de l'âge présent, par Restif de la Bretonne. *Paris*, 1784; 42 tomes rel. en 21 vol. in-12, veau, fig.

52. Les douze Dames de Réthorique, publiées pour la première fois, d'après les manuscrits de la **Bibliothèque Royale**, par L. Batissier. *Moulins*, 1838; in-4, demi-mar., fig. au trait.

53. Les Sens, poème en six chants. *Londres*, 1766; in-8, v. fig. d'*Eisen* et de *Wille*. — Les quatre Parties du jour, poème avec fig. d'*Eisen. Paris*, 1769; in-8, veau.

55. Lettres Persanes de Montesquieu, publiées par Lacour. *Paris, Académie des Bibliophiles*, 1869; in-8, fig. (*tiré à 525 exemplaires.*)

56. Mémoires de l'Académie des Colporteurs. 1748; in-12 veau, fig.

57. Mémoires du duc de Montpensier (Antoine-Philippe d'Orléans). *Paris, Imprimerie royale*, 1837; in-4 (*riche reliure en maroquin bleu doré sur tranche, exempl. en pap. vélin.*)

58. Mémoires secrets pour servir à l'Histoire de la république des Lettres en France, par Bachaumont. *Londres*, 1777; 36 tomes rel. en 35 vol. — Correspondance secrète, politique et littéraire. *Londres*, 1788; 3 vol. in-12. ensemble 38 vol. in-12 reliés.

59. Mes Rêveries, ouvrage posthume de Maurice comte de Saxe. *Paris*, 1757; 2 vol. in-4, demi-mar., fig.

60. Métamorphoses d'Ovide en rondeaux, enrichies de figures. *Paris*, 1697; in-4, veau,

61. Les Militaires au-delà du Gange, par de Lo-Looz. *Paris*, 1770; 2 vol. in-8, mar. rouge (*exempl. en papier de Hollande.*)

62. Monuments de la vie privée des douze Césars et du Culte secret des dames romaines, d'après une suite de pierres gravées. *Rome*, 1785; 2 parties en 1 vol. in-8. dem.-rel. (*exempl. gravé*).

63. Notes d'un voyage dans le midi de la France, par Mérimée. *Paris*, 1835 ; in-8, demi-chag.

64. Nouvelles à la main (20 décembre 1840 au 20 novembre 1842). 10 vol. in-32 rel. et 15 livr. brochées.

65. OEuvres complètes de Voltaire. *Paris, Lequien*, 1820 ; 70 vol. in-8 demi-veau.

66. OEuvres de Gœthe, traduites par Porchat. *Paris*, 1860 ; 10 vol. in-8, demi-mar.

67. OEuvres de Ronsard. *Paris*, 1609 ; in-f° rel. (*exempl. taché d'humidité*).

68. OEuvres de Jean Racine avec des commentaires de Geoffroy. *Paris*, 1808 ; 7 vol. in-8 veau, fig.

69. OEuvres de Regnier, édition Louis Lacour. *Paris, Académie des Bibliophiles*, 1867 ; in-8 papier vergé (*tiré à 532 exemplaires.*)

70. OEuvres françaises de Joachim du Bellay, avec notice et des notes, par Marty Laveaux. *Paris*, 1867 ; 2 vol. in-8 broché, (*exemplaire sur papier de Hollande, tiré à 230 exempl. sur ce papier.*)

71. Paremiologie musicale de la langue française ou explication des proverbes, locutions proverbiales, mots figurés qui tirent leur origine de la musique, par G. Kastner. *Paris*, in-4 cart.

72. Le parfait cavalier. *Milan*, 1825 ; 2 vol. in-4 demi-veau, fig. coloriées (*en italien.*)

73. Parisine, par Nestor Roqueplan. *Paris, Hetzel;* in-12 bro. (*exemplaire sur papier de Hollande.*)

74. Plan de l'ancien Paris dit de *Turgot*. 20 planches gravées, gr. in-fol. bas.

75. Portraits des personnages célèbres de la Révolution, par Bonneville. *Paris*, 1796 ; 2 vol. in-4 bas., fig.

76. Puce de Mᵉ Desroches, publiée par Jouaust. *Paris*, 1848 ; in-18 broché (*tiré à 300 exemplaires, n° 3.*)

77. Les quatre livres de maistre François Rabelais, publiés par de Montaiglon et Louis Lacour. *Paris, Académie des Bibliophiles.* 1868; in-8 br. (*tome 1er tiré à 525 exempl.*)

78. Quintiliani institutionum oratorum. *Paris,* 1538; in-fol. veau.

79. La Rampelado, poésie provençale, par Louis Roumieux. *Avignon,* 1868; in-8, broché (*tiré à 40 exemplaires, envoi d'auteur à M. Nestor Roqueplan.*)

80. Recueil de 87 lithographies coloriées, caricatures sur la révolution de 1830. In-4 cart.

81. Recueil de Scènes de société, 50 planches de Pigal. In-4 cart., fig. col.

82. Recueil des plus beaux édifices et frontispices des églises de Paris, dessinés par Jean Marot. In-folio demi-mar.

83. Réflexions ou Sentences et Maximes morales de La Rochefoucauld, édition Louis Lacour. (*Académie des Bibliophiles,* 1868, in-8, pap. Vergé. (*tiré à 525 exemplaires.*)

84. Règlement pour servir au payement des appointements et gratifications annuelles des acteurs, actrices, danseurs, danseuses, simphonistes et préposés pour le service du théâtre et des écoles de l'Académie royale de musique pendant l'année 1789-1790, in-4, mar. vert.
(*Manuscrit d'une belle écriture renfermant des documents curieux sur le théâtre de l'Opéra.*)

85 Répertoire des bals ou théorie pratique des contredanses, par De la Cuisse. *Paris,* 1762 in-8, br. (*livre gravé.*)

86 *Roberti Stephani.* Thesaurus lingue latinæ. *Basle,* 1740. 4 vol. in-fol. dem.-bas.

87 Rome au siècle d'Auguste ou voyage d'un Gaulois à Rome, par *Dezobry. Paris,* 1846. 4 vol. in-8. dem.-mar. Fig. et plans.

88. Satires (Les) du sieur Nicolas Boileau-Despréaux, réimprimés, conformément à l'édition de 1701, introduction et notes, par *de Marescot, Paris, Académie des Bibliophiles*, 1868, in-8, br. (*n° 49 d'un livre tiré à 260 exempl. sur papier vergé.*)

89. Scènes populaires, dessinées à la plume, par *H. Monnier, Paris*, 1864, in-8, dem.-bas. Fig.

90. Sermones fratris Guileberti Tornacensis sacres paginis, 1270. *Paris, Jehan Petit*, in-4, v. d. s. tr. (*Imprimé en gothique.*)

91. Souvenirs du golfe de Naples recueillis en 1808, 1818, 1824, par Turpin de Crissé. *Paris*, 1828; in-fol. mar. plein à compartiments, d. s. tr., fig. (*Reliure de Simier.*

92. Théâtre complet de Beaumarchais, avec des variantes des manuscrits originaux, par d'Heilly et de Marescot. *Paris*, Académie des bibliophiles, 1867; tome 1er, in-8. br. (*Tiré à 25 exemplaires.*)

93. Théâtre des Grecs, par Brumoy. *Paris*, 1786; 13 vol. in-8, v., d. s. tr. fig.

94. Topographie historique du Vieux Paris, par Berty et Legrand, région du Louvres et des Tuileries. 3 vol. in-4, cart., non rog. Fig.

95. Traicté du lis, symbole divin de l'espérance, par Jean Tristan. *Paris*, 1656; in-4., fig. — Des anciennes enseignes et étendarts de France, etc. *Paris*, 1637; in-4, 2 parties en 1 vol., d.-rel.

96. Trattato secondo del Ballarino de M. Fabitio Caroso. *Venise*, 1781; in-4, cart. (*Avec figures représentant les costumes du temps.*)

97. Un Salon de Paris, 1824-1864, par *Me Ancelot. Paris*, 1866; in-8, br. (*1re édition avec photographies, par Frank.*)

98. Un Spectacle dans un fauteuil, par Alfred de Musset. *Paris, Renduel*, 1833; in-8, dem.-rel. (*1re édit. avec envoi d'Alfred de Musset à M. Nestor Roqueplan.*)

99. Voyage dans les mers du Nord, par *Charles Edmond.*
Paris, 1857, grand in-8, dem. mar., fig. — Voyage et
Aventures dans l'Afrique équatoriale, par du Chaillic
Paris, 1863; grand in-8, dem. mar., fig.

100. Douze cents volumes anciens et modernes seront
vendus en lots au commencement de la vacation.

MOBILIER

Ameublements d'antichambre, de salon, de chambre à coucher, de salle à manger et de cabinet de travail en palissandre, bois noir, bois de chêne sculpté et acajou.

Grandes et belles Bibliothèques à plusieurs vantaux.

Meubles à hauteur d'appui

Jolie Armoire à fusils.

Trois fusils, systèmes Béranger et Lefaucheux.

Épées, Sabres, Couteaux de chasse.

Meubles de salon et de chambre à coucher.

Grands et petits Tapis et Rideaux en moquette, reps, toile perse et mousseline.

Garde-Robe d'homme, Linge de ménage, Literie, Argenterie.

Garnitures de foyer et de cheminée, Pendules, Glaces, Ustensiles de cuisine et d'office.

Renou et Maulde, imprimeurs de la Compagnie des Commissaires-Priseurs, rue de Rivoli, 144.   6091